L'ŒILLET

ET

LA TOMBE

L'ŒILLET

ET

LA TOMBE

PAR UN FORESTIER.

<hr>

PARIS

IMPRIMERIE DE E. DONNAUD

RUE CASSETTE, 9

1869

Cette historiette date de plus de vingt ans : elle est honnête et vraie par tous les bouts.

On n'y trouvera ni scandales, ni scènes romanesques, ni duels, ni meurtres, ni marivaudages; rien n'y est risqué.

Le hasard seul m'en a fait l'acteur principal. Quand la Providence nous provoque ouvertement pour seconder ses desseins impénétrables, il faut bien fléchir.

C'est un œillet qui m'a entraîné, c'est une tombe qui m'a laissé une douleur : tel est le singulier bagage avec lequel je commence.

L'ŒILLET

LA TOMBE

En 1848, je fus chargé d'intérêts impor-
tants en Alsace, au sujet de forêts, d'un nom
illustre, qui furent l'occasion de cette histoire.

Je plantai ma tente dans une petite ville
en montagne qui m'offrait l'éblouissant ta-
bleau de la vallée de l'Alsace, ayant à droite
la Forêt-Noire baignée par le Rhin, et à gau-
che les Vosges, paysage ravissant qui dispose
si bien le cœur à la méditation et à l'admira-
tion des ouvrages de Dieu !

C'était au mois de juillet, les chaleurs
étaient accablantes ; nous étions condamnés,

par nos occupations, à fouler un terrain très-accidenté, au milieu de jeunes bois tristement peuplés, et qui n'étaient plus que la personnification évanouie de futaies magnifiques que la cognée avait rasées pour satisfaire l'ambition et le désordre qui ne s'apaisent qu'avec les passions rassasiées.

Un jour que mes forces avaient trahi mon énergie, je renonçai à mon lit ordinaire pour être, le lendemain, et plus dispos et plus près de mes travaux.

Je me risquai donc dans une avenante auberge tapissée de verdure, tout entier encore sous l'impression des prières des gens de la montagne revenant de leurs travaux, et prosternés aux pieds des croix qui sont placées dans les carrefours de la forêt.

Cette scène me rappelait d'autres mœurs, de pieux principes et de douces habitudes.

En définitive, je dévorai mon modeste dîner, je dormis à effrayer mes voisins; et au lever du soleil, j'étais sur pied attendant les gardes forestiers.

Je me détirais les bras et les jambes, en fumant mon cigare, quand j'avisai, sur le pas d'une pauvre maison voisine, une jeune fille d'une quinzaine d'années, toute pensive, et mue, il me semblait, par un sentiment de curiosité, compensé chez moi par celui d'un intérêt involontaire.

C'était l'affinité entre la misère et l'assistance.

Ses haillons, ses pieds nus et terreux ne faisaient rien perdre à des traits fort doux, à de très-beaux cheveux blonds flottants, à de grands yeux bleus, à un air singulièrement mélancolique.

Dès la veille, mon hôtesse m'avait probablement traité en personnage parmi ses voisins ; déjà descendue pour me préparer la soupe du moissonneur, je ne manquai pas de la questionner sur la petite blonde qui ne bougeait pas de son poste.

— Oh ! Monsieur, me dit-elle, il y a là une lamentable histoire.

— Allons, contez-la-moi, elle me fera avaler votre potage qui ressemble diablement à un pâté !

Je vous écoute :

« Dans cette maison, Monsieur, demeurent
» la veuve d'un mari mort fatalement il y a
» quelques mois, et neuf enfants que la mi-
» sère dévore. Il y avait aussi un bon fils que
» le gouvernement a volé pour en faire un
» dragon. La Providence, si souvent mysté-
» rieuse, n'a pas tenu compte de ses vertus
» filiales; il a tiré au sort, et le numéro 1er
» est sorti de l'urne de la mairie; n'est-ce pas
» une indignité? »

« C'est pas juste, s'écria le pauvre conscrit,
» mais Dieu est là! »
« Jean avait raison; il partit ayant foi dans
» sa consciencieuse invocation, car la loi est
» bien dure pour les pauvres gens...
» Monsieur, rendez-le à sa famille! »

Les réflexions de mon intelligente hôtesse
étaient pleines de sensibilité et de sens; jus-
que-là, cependant, qu'en général les femmes
croient possibles et faciles les choses qu'elles
désirent. Or, il n'y avait rien de plus raide
et de plus difficile que la route qu'il fallait
suivre pour arracher un soldat au gouver-

nement pendant la formation du camp de 60,000 hommes de l'armée des Alpes, et quand il avait à lutter contre la guerre civile et ses fureurs.

Je calmai de mon mieux la tête de mon hôtesse qui m'investissait sans cérémonie du pouvoir d'un Ministre de la guerre, et j'allai remettre à cette enfant un souvenir, hélas! bien opportun, en lui recommandant d'avoir foi en Dieu comme son frère, la Providence ne pouvant pas abandonner à la fois une mère si essentielle et un fils si paternel.

Je quittai cette jeune fille visiblement émue; dans un âge si tendre, elle comprenait déjà la vie, tant la douleur, le courage et l'espérance font vibrer le cœur dans les âmes d'élite.

A peine avais-je fait quelques pas, qu'elle saute dans son jardin, cueille un œillet et me l'apporte avec une grâce charmante et la reconnaissance la plus sentie.

Je fus si surpris et si ému que je me dévouai instantanément corps et biens à la cause de cette famille; je jurai d'avoir mon conscrit !

Cet œillet est le seul souvenir de cette touchante histoire ; car, chose bizarre, non-seulement je n'ai jamais revu cette jeune fille, mais je n'ai jamais aperçu ni la mère, ni ses nombreux enfants, ni le soldat dont j'ai à raconter encore les moments difficiles ; tous mes moments étaient comptés.

Ce n'est pas, grand Dieu ! que j'attaque leur reconnaissance, qu'ils vont d'ailleurs me prouver tout à l'heure, mais les obstacles étaient à Paris ; c'est de là que la manne pouvait leur tomber du ciel ; j'avais moi-même de grandes préoccupations, et je n'éprouvais pas le besoin de recevoir une lettre de gratitude écrite par un maître d'école.

Enfin, je partis pour la forêt avec mon œillet, fort tourmenté de projets qui se ruaient déjà dans mon esprit pour accrocher cette difficile affaire.

Je passai en revue mes amis, mes connaissances, même les indifférents ; je cherchais un point d'appui, un homme, une femme de cœur ; je cherchais aussi dans les obligés, mais, à leur égard, on ne trouve jamais la lanterne de Diogène, elle est toujours égarée !

Revenu le soir au logis, je me disposais à écarteler un poulet quand ma malencontreuse hôtesse me dit à l'oreille : « Monsieur, vous » savez bien la famille d'à côté; ce matin, » après votre départ, la mère et toute sa volée » d'enfants sont parties en masse à l'église; » là..., vis-à-vis..., et, tous à genoux, ils ont » prié le bon Dieu pour vous en entonnant un » cantique d'actions de grâces. M. le curé, » notre vénérable pasteur, s'est mis de la » partie, et tout le monde vous a béni ! J'y » étais aussi ! »

Touché au delà de toute expression, il me fut impossible d'entamer mon poulet auquel je tenais beaucoup; peu habitué d'ailleurs à des sentiments de reconnaissance si publiquement exprimés, je sortis de table, puisque je ne pouvais plus manger, et, devant partir dans la nuit même pour Paris, je me rendis chez le Maire.

Je me trouvai en présence d'un patriarche; il était beau, grand, avait une noble mise et une empreinte de bonté encourageante; son langage était d'un homme de valeur, et je le savais généreux à l'égard de sa commune, quoique sa plus belle fortune ne consistât que dans ses onze enfants.

Nous fîmes bientôt connaissance, car il savait mon histoire de vingt-quatre heures; je lui contai mes projets qu'il me promit de seconder, et, à l'instant, nous concertâmes nos moyens d'action.

Une demande en réintégration du jeune soldat dans ses foyers devait être rédigée, motivée, signée et approuvée par les autorités et les notables; une fois ces formalités remplies, on me la renvoyait à Paris.

Le reste marcherait à la grâce de Dieu !

La malle-poste ne m'emportait pas assez vite; à chaque minute, je changeais de combinaison. Je m'arrêtai enfin sur le général ***, homme entêté, bon, brusque et loyal, mais il fallait le gagner. Son aimable fille, que j'avais déjà vue, et moi, nous conspirâmes ouvertement, et quoique mes excellents rapports avec lui m'autorisassent à me présenter directement, je préférai préparer le terrain dans une lettre diplomatique, sans trop de clarté, afin de lui laisser le temps d'y réfléchir et de me questionner.

Mes lecteurs seront peut-être surpris de tant de préoccupations pour une semblable affaire; mais les circonstances l'avaient rendue fort difficile; le sort de toute une famille, qui avait ma parole et qui m'avait payé naïvement en prières si spontanées et si chaleureuses, dépendait de mes convictions persévérantes; j'étais traqué. Encore un effort, et je gagnais une cause qui jetait assurément sur ma vie le souvenir le plus doux!

Le lendemain, je me trouvais au ministère de la guerre dans le cabinet du général, tout préparé à essuyer sa mitraille inévitable :

« Que diable, mon cher, que m'avez-vous
» barbouillé? des régiments d'enfants, des
» dragons, des œillets, du sentiment, de la
» philosophie, voire même des messes, où en
» voulez-vous venir?

» Que me demandez-vous là? Vous ne con-
» naissez donc pas tous les faufilés par les-
» quels une pareille affaire doit passer? Quel
» moment choisissez-vous? »

» Je ne choisis pas, Général, je suis poussé?

« Poussé, poussé! reprit-il, tout le monde
» est poussé! Demain, peut-être la guerre étran-
» gère avec la guerre civile qui nous ronge!
» Mais, mon ami, pensez-y donc, votre Jean
» sera tué, enterré, oublié avant de s'en être
» occupé. Tenez, levez-vous, voici le Mi-
» nistre de la guere qui passe; voyez-moi sa
» belle humeur; allez donc lui parler de
» Jean! Il vous enverra au diable!

» Mais, Général, à une grande infortune,
» il faut une grande volonté, ce sont les pa-
» roles de madame votre fille qui doit venir
» vous voir malgré ses souffrances...

» Je ne veux pas qu'elle sorte, elle n'a pas
» le sens commun, allez-y en me quittant.
» Pourquoi la flanquez-vous dans cette ba-
» garre? »

Sachant la peur qu'il avait de la plus aimable des femmes, j'ajoutai : « Voyons, Gé-
» néral, encore un mot : j'ai foi dans votre
» cœur, dans votre nom et dans votre auto-
» rité; vous faites loi partout : un mot bien-
» veillant, et je cours chez elle.

   » Ah! je vois bien ce qui vous touche,
» mon gaillard, dit-il en ricanant, c'est votre
» messe! On a prié le bon Dieu pour Mon-
» sieur qui s'imagine que ses farces sont ra-
» chetées!...

   » Ah! Général, pas de personnalités, ne
» soyez pas jaloux; les pauvres gens en di-
» ront deux pour vous, je m'en charge, et ce
» ne sera pas de trop.

   » C'est bon, c'est bon, ma conscience ne
» vous regarde pas. Dites à ma fille que j'irai
» la voir ce soir; mais, pour Dieu, qu'elle ne
» sorte pas, je vous en prie! »

Il me donna la main; il était battu d'a-
vance.

Je courus cependant chez Mme de *** lui
annoncer la déroute de son père et pour la
prier de faire donner son artillerie afin d'en
terminer avec cette tête bretonne.

Vingt-quatre heures plus tard, tout marchait
énergiquement; mon rôle était joué, le ré-
sultat devait être certain.

Cette affaire suivit son cours avec un rare
bonheur; je partis pour un voyage assez long

et à mon retour je trouvais deux lettres du Maire déjà vieilles de date.

La première était ainsi conçue :

« Monsieur,

» Soyez béni ! Jean est de retour depuis » hier sur les huit heures du soir; un beau » clair de lune éclairait nos montagnes; un » soldat, le bâton sur le dos, entrait au » village, rasant les chaumières pour éviter » les regards; son pas précipité trahissait » certainement son émotion. Mais ce fut en » vain : Jean fut reconnu, acclamé, embrassé, » porté chez sa mère, tout était joie et bon- » heur! toutes les pensées étaient pour Paris, » pour son bienfaiteur; tout le monde se » rappelait votre séjour au hameau.

» Je vous écris à la hâte pour que le » garde champêtre emporte cette bonne nou- » velle.

» Le bon Dieu, Monsieur, vous doit quel- » que chose; il n'est pas un homme qui ne » désire, qui n'espère; aussi les prières ne

» vous manqueront pas plus que le jour de
» l'œillet !

» Au nom de la commune, au nom de
» notre digne pasteur qui est présent, je vous
» adresse l'expression de notre profonde re-
» connaissance ; vous nous avez rendu un fils,
» un père, un frère, un ami, un bon citoyen;
» Jean sera toujours le modèle du pays.

» Je suis, Monsieur, votre serviteur.

» *** . »

Hélas ! voici sa seconde lettre :

« Quelle catastrophe ! Monsieur, à la vue
» de son fils, sa mère s'était évanouie. Déjà
» indisposée, le sang l'a foudroyée ! elle
» n'existe plus depuis quelques heures !

» Je ne veux pas m'engager, Monsieur,
» dans un dédale de réflexions navrantes,
» vous les avez déjà toutes faites !... *Ne*
» *touchons pas à Dieu !...*

» Je reste confondu devant les décrets
» inexplicables du ciel ; j'aime mieux le si-
» lence de la consternation que la manifes-

» tation d'une douleur qui pourrait ébranler
» ma foi au profit de la philosophie du
» XVIIIᵉ siècle !

» Adieu, Monsieur, vivez de l'espérance
» que vous avez donnée pendant quelque
» temps ; du bonheur que vous avez causé
» pendant quelques heures, et tâchez d'ou-
» blier l'œillet et la tombe !

» *** »

Paris. — Imprimerie de E. Donnaud, rue Cassette, 9.

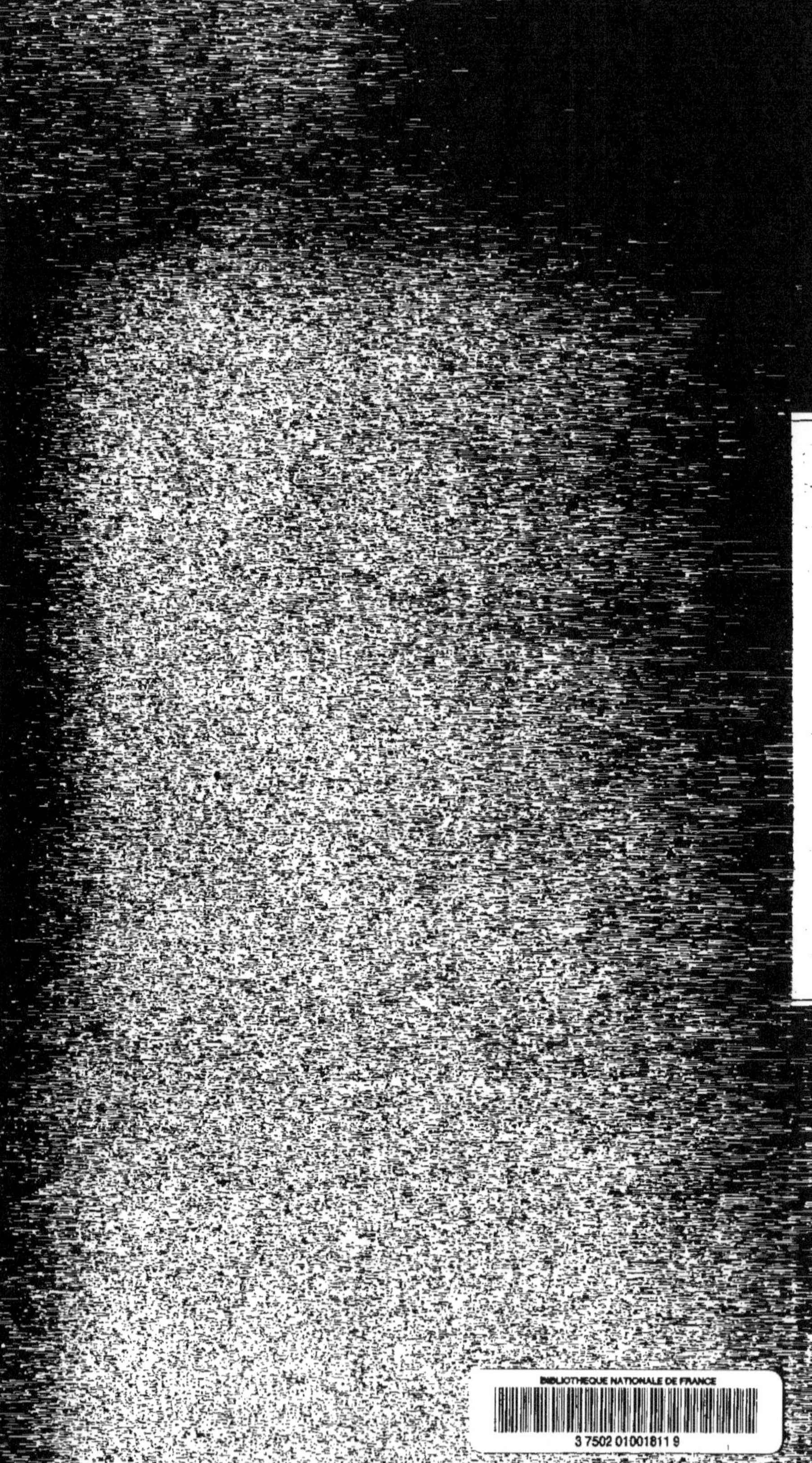